PROJET

D'UNE

RÉFORME

DANS

L'Enseignement des langues anciennes

PAR

M. A. THÉRY

Inspecteur général honoraire de l'Instruction publique
Commandeur de la Légion d'Honneur

PRIX : 80 CENTIMES

PARIS
LIBRAIRIE A. DURAND ET PEDONE LAURIEL
RUE CUJAS, 9 (ancienne rue des Grès)

1872

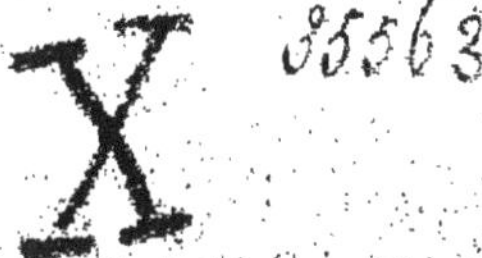

IMPRIMERIE RENOU ET MAULDE
Rue de Rivoli, 144.

Une question sérieuse préoccupe, depuis longtemps, et de plus en plus, les amis désintéressés de l'éducation nationale.

Ils voient monter chaque jour, invinciblement, fatalement, dans nos lycées et dans nos colléges, le flot des études nouvelles.

Ils voient descendre, s'abaisser, chaque jour, le niveau de l'enseignement des langues anciennes.

Hommes de la race latine, héritière elle-même de la civilisation grecque, ils gémissent de la décadence palpable des études grecques et latines.

Hommes de leur temps, dont ils comprennent les besoins, ils applaudissent à l'extension des connaissances pratiques qui se font jour à travers les études traditionnelles, et qui réclament impérieusement leur place au soleil.

Comment donner au nouveau toute satisfaction, et comment conserver ou rendre à l'ancien son lustre, lorsque l'espace accordé à l'un est ravi à l'autre, et que la journée, obstinément composée de vingt-quatre heures, refuse de s'élargir pour donner carrière au progrès ?

Autrefois, on le sait, le latin seul régnait dans les colléges, tolérant le grec comme accessoire (1) ; plus tard, il concéda quelques parties détachées de son domaine aux éléments de l'histoire, de la géographie et du calcul. A cela près, et jusqu'à une époque assez voisine de la nôtre,

(1) *Rien n'empêche*, dit un écrivain du XIVe siècle, *que le grec soit étudié en même temps que le latin; mais le latin dominera toujours*. (L'auteur anonyme du traité *de recuperatione terræ sanctæ*, cité par Monteil).

tout au moins jusqu'à l'ordonnance du 26 mars 1819 (1), les langues anciennes, le latin surtout, remplissaient les heures de la semaine, et l'éducation n'était réputée complète et libérale que lorsque le jeune homme, préparé par une longue et laborieuse étude de cette langue, réussissait à fondre dans un pastiche plus ou moins habile ses souvenirs de Virgile et d'Horace, de Tite Live et de Cicéron.

Quoique l'admission d'études nouvelles ait rétréci peu à peu le terrain depuis cette époque, le grec et le latin, dans des proportions diverses, ont gardé longtemps encore une forte primauté. L'état de souffrance a commencé à se faire sentir, lorsque les connaissances pratiques ont pris décidément faveur, et cette faveur croissante, réagissant contre la tradition, en a compromis l'autorité.

Regardons ce qui se passe sous nos yeux.

En quelle estime sont aujourd'hui les discours latins, les vers latins, les thèmes latins, les thèmes grecs, enrichis ou non de leur accentuation savante ? La philosophie, qui, depuis 1830, est enseignée en français, tient peu de compte des dissertations latines. Le prix d'honneur de rhétorique, le *grand prix d'honneur*, appartient encore de nom au discours latin ; de fait, dans l'opinion commune, il revient au discours français. Dans la solennité du concours général, en 1869, une harangue latine, fort élégante d'ailleurs, mais abrégée par un prudent scrupule de l'auteur, s'est risquée encore sous les voûtes de la Sorbonne, et a félicité ingénieusement les mères et les sœurs présentes, d'avoir des fils et des frères capables de comprendre un langage qu'elles-mêmes ne comprenaient pas. Beaucoup de gens et des plus lettrés trouvent cet usage

(1) Un arrêté des Consuls du 19 frimaire an XI (10 décembre 1802), résume ainsi l'enseignement des lycées : *le latin et les mathématiques*. L'Ordonnance du 26 mars 1819, développée dans les statuts du 4 septembre 1821, élève, en principe, l'enseignement de l'histoire et institue un enseignement modeste des langues vivantes.

suranné, et se demandent s'il n'a pas dit cette fois son dernier mot.

Dans les examens publics, les Facultés déplorent l'insuffisance des études classiques. Les grandes écoles spéciales réclament une préparation littéraire plus forte. Les pères de famille répètent que, de leur temps, on savait bien mieux le latin, et que les beaux passages d'Horace, par exemple, conservés dans la mémoire, fournissaient des citations heureuses aux entretiens familiers.

Décadence ! c'est le cri universel.

D'un autre côté, l'histoire et la géographie, qui, les premières, avaient forcé le passage, sous l'impulsion vaillante de quelques professeurs spéciaux (1), se taillent une part de plus en plus large ; les éléments des sciences naturelles font valoir leurs droits ; les langues vivantes, surtout, se plaignent hautement d'étouffer dans le cadre étroit où nous les resserrons, elles qui sont l'instrument des affaires, le lien nécessaire des pays civilisés.

Et voici qu'une importance nouvelle, augmentée peut-être par le souvenir récent de nos malheurs, mais que, même avant ce temps, beaucoup de bons esprits savaient reconnaître, s'attache à l'entretien, au développement des forces physiques. La gymnastique a pris rang dans les études; les exercices militaires deviennent obligatoires. Une prévoyance toute paternelle augmente les heures de récréation, spécialement pour les plus jeunes, et réduit le travail, qui ne doit jamais être poussé jusqu'à la fatigue.

Il est probable que le mouvement ne s'arrêtera pas là. On ajoutera certainement plus tard à ce programme l'étude élémentaire des lois civiles, celle de l'hygiène, dans les classes les plus avancées (2). Ne faut-il pas que nos élèves,

(1) MM. Magin, Cayx, Poirson, etc.

(2) Ceci était écrit lorsqu'un arrêté du 6 mai dernier a rendu l'enseignement de l'hygiène obligatoire dans les lycées. La prévision a été justifiée.

ces petits hommes, ces jeunes hommes, qui se préparent dès lors à remplir virilement les devoirs de citoyen, sachent bien que le droit est supérieur moralement à la force, mais aussi que des corps valides supporteront mieux que des corps débiles les rudes fatigues de la guerre, et pourront faire servir la force, comme l'esprit fera servir la science, au triomphe du droit ?

Qui sait de combien de poids nouveaux l'opinion nous forcera de charger ce plateau de la balance que, déjà, nul contrepoids connu ne pourrait soulever aujourd'hui ?

Or, les nouvelles études ne sont pas le fruit d'un caprice, sujet à disparaître. Elles résultent de la nature des choses, force invincible. Elles ont conquis, et garderont leurs conquêtes. Le respect des traditions sera impuissant pour les comprimer. C'est l'arbre dont parle le poëte, cet arbre qui fend la pierre, malgré sa résistance :

Quæ semel intus
Innata est, rupto jecore, exierit caprificus (1).

Et pourtant, nous voulons rester fidèles à nos origines ; nous n'entendons pas rompre avec les beaux génies de l'antiquité, avec les maîtres de l'intelligence et du goût.

Je laisse absolument de côté les établissements d'instruction d'où les langues anciennes sont absentes, ou qui réclament d'elles un concours purement accidentel et facultatif. Ces établissements, dont l'excellent collége Chaptal peut être regardé comme le type, étendent librement leurs études sur cinq ou six années. Créés et organisés pour préparer au commerce, à l'industrie, aux applications des sciences et des arts, ils n'ont point à ménager une puissance voisine, justement fière de son ancienneté et de ses services, et peu disposée aux accommodements.

(1) Perse, sat. 1, vers 25.
« Le figuier, né dans le cœur de la pierre, se fait jour, et éclate au dehors. »

Je ne voudrais rien dire qui parût incriminer l'essai tenté dans les lycées et les colléges, et qui, sous le titre d'enseignement secondaire spécial, a régularisé et ennobli l'ancien système des cours préparatoires. Ces cours étaient comme un asile ouvert à tout ce qui fuyait, par incapacité ou par paresse, l'enseignement normal du grec et du latin. Grâce à la faveur que l'opinion plus éclairée accorde aux études françaises, l'enseignement secondaire spécial est devenu sérieux ; il est recherché par de bons élèves et des familles prévoyantes. Il s'adresse, dans les maisons officielles comme dans les maisons libres, aux enfants qui n'auront pas besoin des langues anciennes, et marche parallèlement au vieil enseignement classique.

N'y a-t-il aucun tiraillement entre les deux voisins ? aucun sujet de dissentiment entre les deux frères ? Je n'oserais l'affirmer. L'aîné a toujours la crainte de perdre, et le plus jeune celle de ne pas gagner assez.

Mais tel n'est pas l'objet direct de cette étude. Je ne m'occupe ici que de la succession non interrompue des années classiques, de l'ensemble harmonique de connaissances anciennes et nouvelles, qui est le fond même du système actuel, de celui qui prend l'enfant à neuf ans, et, d'une seule teneur, le conduit à dix-huit ans, âge où il doit laisser le jeune homme l'esprit meublé des choses anciennes et des choses nouvelles qui constituent la complète éducation.

La question spéciale que je pose est donc celle-ci :

Comment, dans la sphère classique des lycées et des collèges, où le grec et le latin reculent, pied à pied, en se défendant, — comment réussirait-on, tout en sauvegardant les études nouvelles, à maintenir florissantes les études anciennes, qui ont perdu ou sont en train de perdre une partie notable des heures jugées indispensables à leur succès ?

Une réforme, qui n'a pas encore été hardiment proposée, que je sache, a été murmurée plus d'une fois, même dans les régions officielles, sous forme de conversation. En la nommant tout haut, je crois être l'écho de vœux souvent exprimés en ma présence, par des hommes d'expérience et d'un sens droit, qui, se défiant partout des révolutions, ne les souhaitent pas dans les études, mais qui, frappés des difficultés présentes, ennemis de ces deux excès : l'utopie et la routine, ne veulent pas laisser périr le malade, faute d'appliquer à temps le remède héroïque qui peut le sauver (1).

Dans la sincérité de ma pensée, le remède est celui-ci : changer la méthode d'enseignement des langues anciennes ; l'abréger en le fortifiant ; *lui demander moins* comme l'a dit un ancien ministre (2), *pour en obtenir plus.*

Qu'a-t-on essayé jusqu'ici pour plier l'emploi du temps aux exigences des études nouvelles ? On a intercalé des cours de langues vivantes entre les heures ordinaires des classes ; on a fait voyager d'une classe à l'autre les éléments des sciences naturelles ; on a inventé des demi-classes pour l'histoire, pour la géographie ; on a entamé le vieux congé du jeudi, pour y placer une conférence du matin : procédés adroits, ingénieux, qui se sont heurtés, en fin de compte, au chiffre implacable des heures, et qui n'ont guère réussi qu'à transporter d'un point sur un autre des embarras toujours renaissants.

Il est une justice qu'on doit rendre aux instructions officielles les plus récentes. Elles ont attribué une autorité

(1) « Un jour viendra où les conditions du système actuel d'instruction se trouveront forcément modifiées... ne pouvant tout abandonner aux langues anciennes, on inventera pour les apprendre des méthodes plus raisonnées, qui les fixeront mieux et plus vite dans la mémoire. »

Préface des éléments de cosmographie, publiés en 1871, par M. Menu de Saint-Mesmin, préfet général des études au collège Chaptal.

(2) M. Duruy, plan d'études pour 1865.

moins exclusive à la théorie; elles ont prescrit d'éclairer le précepte par l'application, et, mieux encore, recommandé de présenter d'abord à l'esprit l'application et de conclure par la règle.

Si j'avais à fonder un collége, à en faire le théâtre d'une expérience tout à fait libre, je serais bien tenté de la demander radicale.

Mais l'audace ne convient qu'à l'initiative privée, et, dans une tentative de ce genre, la complicité des familles garantirait seule le succès.

Je reconnais qu'on ne peut songer à refondre tout d'une pièce une partie notable de l'enseignement public; d'abord, parce que les réformes progressives, en éducation comme en politique, sont plus facilement acceptées et réunissent plus de chances favorables; ensuite et surtout, parce qu'il en résulterait une perturbation momentanée dans le personnel enseignant, une diminution du nombre des professeurs de langues anciennes, dans la proportion des années enlevées aux études grecques et latines. Je ne voudrais pas d'un essai fait à l'improviste dans de pareilles conditions.

Ce qu'il m'est interdit de souhaiter comme changement brusque et réforme immédiate, je le vois et le montre hardiment comme la nécessité d'un prochain avenir. La question reste la même. Dans l'état actuel de l'enseignement des langues anciennes, le temps manque, les résultats sont faibles. Le grec, le latin, ces vieilles colonnes de l'éducation libérale, s'ébranlent et vacillent de plus en plus.

Je raisonnerai dans les limites de cette hypothèse.

Si donc, sans rien retrancher de ce qui est légitimement dû aux études nouvelles, et nous contentant des heures qu'il n'est pas moins légitime d'attribuer ou de conserver aux langues anciennes, nous pouvons assurer à celles-ci une carrière plus large, déblayée des inutilités, du bagage de la routine ; occuper les heures, moins nombreuses, mais mieux remplies, par un enseignement soigneusement purgé de redites, de doubles emplois, plus littéraire que grammatical, plus convenable à des langues mortes, qu'on ne doit ni parler ni écrire, que le système en vigueur (je dirais en langueur) aujourd'hui ; si, enfin, grâce à de purs changements de méthode, nous pouvons rendre la vie à ce qui meurt, reconstituer ce qui se décompose sous nos yeux, ne ferons-nous pas une chose utile, et qui ne saurait être différée longtemps ?

Puisque j'ai risqué la formule, je vais m'efforcer de la justifier par les détails.

J'ai toujours pensé qu'il n'est pas nécessaire d'employer sept ans à l'étude du grec et neuf ans à l'étude du latin. Cinq ans me paraissent suffire pour l'enseignement de l'un et de l'autre, et je ferais commencer les cinq années, pour les élèves qui n'entreraient pas dans l'enseignement secondaire spécial, après une première série de quatre ans, obligatoire pour tous, où les langues vivantes occuperaient la plus grande place, et où les enfants, avec moins de difficultés et d'ennuis, étudieraient parallèlement une de ces langues et la langue maternelle (1).

L'histoire, la géographie, les sciences, les leçons de dessin, de musique, les exercices gymnastiques et militaires seraient répartis dans les neuf années en proportions diverses, selon les progrès de l'âge, et le développement de l'esprit et du corps.

(1) Chargé, au mois d'août 1868, par M. Duruy, alors ministre de l'instruction publique, de faire un rapport officiel sur la mission de MM. Demogeot et Montucci en Angleterre et en Écosse, j'ai profité de la circonstance pour exposer sommairement, dans ce rapport même, les idées que je développe ici. Ce que je disais alors à l'oreille d'un ministre, je crois opportun d'en faire aujourd'hui la confidence au public. C'est devant ce tribunal que se débattent, à l'heure présente, les questions pédagogiques, comme toutes les autres questions.

Je ne changerais rien au total des années, depuis le début jusqu'au terme de l'éducation. Ceux de nos enfants qui doivent aborder les carrières dites libérales n'ont aucun intérêt à sortir du collége ou du lycée avant l'âge de dix-huit ans.

Quant à la méthode, il m'a paru que l'enseignement actuel des langues anciennes a de graves défauts.

Les professeurs sont des hommes distingués par les connaissances, vraiment admirables par le travail et le dévouement. C'est là le côté fort du système. Un hommage sincère au personnel enseignant n'est pas une précaution de complaisance ; c'est l'expression de la vérité.

Mais voyons de quels matériaux le professorat dispose, et dans quels liens il lui est permis de se mouvoir.

Aux termes du plan d'études appliqué aujourd'hui, le latin fait son apparition en huitième et se continue en septième ; le grec se montre à partir de la sixième, et, comme le latin, persiste jusqu'à la fin des études.

Il m'a toujours semblé que la nécessité de reprendre en sixième et d'appliquer au grec l'étude des premiers éléments de la grammaire, des déclinaisons et conjugaisons, étude qui, déjà, pour le latin, a occupé les classes élémentaires, est une source d'ennui pour les élèves. Je crois que l'étude simultanée et comparée des deux langues anciennes, dont l'une est fille de l'autre, aurait plus d'attrait. Mais je ne voudrais pas l'imposer au premier âge. C'est à la sixième, selon la nomenclature actuelle, ou à la première année des études grecques et latines, comme je l'expliquerai tout-à l'heure, que je réserverais cette expérience. Avant de l'entreprendre, je ferais dominer, dans les classes précieuses où les enfants ont les organes souples, l'esprit vif et curieux, l'enseignement animé des langues vivantes, associé à celui de la langue maternelle. Il s'attache à cette étude un intérêt pratique : les conversations, les interrogations, plus importantes à ce degré que des compositions écrites, habitueront les élèves aux principes du langage sans abstractions, et, partant, sans fatigue.

Le caractère essentiel de la première série du cours correspondant à ce qu'on nomme aujourd'hui les classes préparatoires et élémentaires, serait celui-ci : étude du français et d'une langue vivante, marchant de compagnie.

Et je me hâte d'ajouter que les éléments de l'histoire, de la géographie, des sciences, entretiendraient la variété dans ce programme, ainsi que les divers exercices qui peuvent convenir au premier âge, et qu'on réduirait à sa mesure.

Je ne ferais donc commencer l'étude des langues anciennes qu'à treize ans. Je demanderais que, pour les deux langues, elle fût simultanée.

Pourquoi, en effet, échelonner, comme nous le faisons, cette étude, ingrate par elle-même, des éléments du grec et du latin ? C'est imprimer tout d'abord au grec un cachet d'infériorité ; c'est faire retourner en arrière ceux qui se croyaient quittes d'un travail où le jugement n'a pas une grande part. L'enfant recommence à bégayer, quand il sait déjà se servir de la parole.

On trouverait sans doute des raisons historiques pour expliquer cette différence de condition entre les deux langues. L'une, le latin, se perd dans notre antiquité nationale ; elle est restée longtemps, même quand on ne la parlait plus, la seule langue écrite de l'Eglise, de la justice, de la diplomatie, de la philosophie, de l'histoire, de l'érudition. C'était hier que Rollin paraissait un novateur en écrivant l'histoire dans la langue maternelle ; de Thou n'avait pas eu cette audace (1). Le grec, presque inconnu au moyen-âge, nous est arrivé radieux, au xve siècle, avec les savants chassés de leur pays. Mais enfin, quand ce

(1) On sait qu'il a écrit, en latin, l'*Histoire de son temps*.

beau langage, cette grande littérature, ont pris chez nous la place d'honneur qui leur appartient, quand nous avouons leurs services, leur influence sur la civilisation, qui nous oblige à conserver au latin ce droit d'aînesse qui n'est fondé que sur la durée de sa domination dans les temps modernes, tandis que le grec est véritablement l'aîné et le type primordial ?

A mon avis, donc, l'étude simultanée du grec et du latin serait avantageuse, intéressante, beaucoup moins sujette à l'ennui, et, conséquemment, plus favorable au progrès.

Dira-t-on que ce serait trop demander à des enfants de treize ans ? que le fardeau, doublé, serait trop lourd ? J'ose être d'un sentiment contraire. Ces deux études s'aideraient, s'allégeraient l'une l'autre. Les comparaisons tiendraient l'esprit en éveil ; la variété serait non pas une charge, mais un délassement.

Dans ce système, il ne s'agirait plus de deux classes élémentaires suivies d'une sixième, d'une cinquième, etc. Il y aurait quatre années d'une première série d'études, de neuf à treize ans, pendant lesquelles la primauté serait acquise aux langues vivantes, écrites quelquefois, parlées toujours. La géographie avec ses reliefs et ses couleurs, les éléments visibles des sciences naturelles, le dessin linéaire, parlant aux yeux et à la mémoire, les scènes choisies de l'Histoire sainte et de l'histoire de France, saisissant l'imagination et formant le jugement, la pratique de la langue maternelle profitant de tout ce travail d'ensemble, rempliraient largement le cadre.

A treize ans, c'est-à-dire quand la maturité relative commence, quand les premières assises sont posées, le grec et le latin, avec bien plus de chances de succès, avec toute la force d'action qu'un intérêt plus vif leur communiquerait, réclameraient à leur tour le rôle principal et ne l'abandonneraient plus.

On conserverait des classes de deux heures dont le plus grand nombre serait affecté aux langues anciennes. Si quelques conférences intercalaires d'une heure étaient jugées utiles pour entretenir les connaissances acquises, elles comprendraient surtout des conversations, et ce qu'on appelle heureusement des *leçons de choses* (1), c'est-à-dire, en quelque sorte, des demi-récréations.

Cinq années seraient attribuées à cette seconde série, à celle dans laquelle la note dominante serait celle des langues anciennes, et la dernière de ces cinq années appartiendrait à la philosophie, qui impliquerait, outre l'étude des théories modernes, celle de Platon, d'Aristote, de Cicéron, de Sénèque, des plus illustres pères de l'Eglise grecque et de l'Eglise latine, si remplis des souvenirs d'Athènes et de Rome.

Mais ici m'attend l'objection qui reste toujours la plus sérieuse, celle de l'insuffisance du temps. Comment élever et fortifier l'étude des langues anciennes en la renfermant dans quatre ou cinq années, puisque aujourd'hui disposant d'un temps double, elle est frappée de décadence ?

Nous voici au cœur même du sujet.

Je l'ai dit, et je le répète sans hésitation : à mon sens, on peut atteindre ce résultat désirable par l'adoption d'une méthode rationnelle. Je vais essayer d'en marquer les principaux traits.

Si je ne craignais de citer des exemples particuliers, où l'on pourrait se refuser à voir les éléments d'une conclusion générale, je dirais que j'ai souvent rencontré, dans une longue pratique, des jeunes gens de treize à seize ans à qui des circonstances toutes personnelles n'avaient pas permis de commencer encore l'étude du grec et du latin, et qui, en trois ou quatre années, marchant plus vite

(1) Excellemment enseignées par Mme Pape-Carpentier, et dont les parties même supérieures de l'enseignement peuvent largement profiter.

parce qu'ils étaient plus mûrs, franchissaient aisément plusieurs degrés, et rejoignaient sans désavantage, grâce à un travail soutenu et bien réglé, leurs camarades qui avaient fourni toute la carrière.

On pourrait dire que ces exceptions de succès tenaient à des aptitudes particulières, qu'elles ne prouvent rien pour la masse, et, quoique l'observation pût souffrir une réplique, je laisse de côté ces exemples, qui ont cependant contribué à former ma conviction.

Voici comment je concevrais le programme des cinq années d'études grecques et latines :

La liste actuelle des auteurs à expliquer est large et variée. Je n'en voudrais rien retrancher ; j'y ajouterais plutôt, car je regretterais de laisser ignorer à nos élèves des degrés supérieurs les beautés sévères de Lucrèce, le curieux théâtre de Plaute, la poésie ailée de Pindare, et j'aimerais à voir étendre les emprunts déjà faits aux grands tragiques grecs.

Il ne me paraît pas suffisant de faire expliquer isolément quelques morceaux, une portion d'un chant de l'Iliade ou de l'Enéide, d'une harangue de Démosthène ou de Cicéron. Qui ne sait que l'encombrement né des diverses occupations de la classe, leçons, dictées, corrections de devoirs, explications enfin, ne permet guère aux professeurs d'épuiser dans l'année scolaire le programme qu'ils ont choisi ? Je voudrais que nul auteur, ou nulle partie importante d'un auteur placé dans les mains des élèves, n'en sortît que bien compris dans son ensemble ; et, comme les explications proprement dites seront toujours assez restreintes, il faudrait que le professeur, par des traductions qu'il lirait à haute voix, par des analyses courtes et substantielles, dictées aux élèves, étudiées et retenues par eux, leur fît connaître tout ce qui dépasserait l'interprétation obligatoire du texte, qui est la pierre angulaire de cet enseignement.

Insistons sur un exemple.

Le programme des auteurs qu'on peut expliquer en quatrième (répondant à peu près à notre seconde année) comprend aujourd'hui deux chants de l'*Enéide*, César *de Bello gallico*, Cicéron *de Amicitia* et *de Senectute*, un livre de Quinte Curce, un livre des *Métamorphoses* d'Ovide, — Xénophon, *une vie des hommes illustres*, de Plutarque. Ce n'est pas là le contingent réel de l'année ; il y a un triage à faire entre ces matériaux.

L'explication d'un livre entier de l'*Enéide* prendrait au moins six mois, et emploierait le temps qu'on peut accorder à Virgile, attendu que d'autres explications grecques, latines, sans préjudice des explications françaises, et bien des travaux de toute nature réclameront de la place et du temps. Or, l'écolier qui aurait expliqué en détail ce livre seul ne connaîtrait par l'*Enéide*, dont les onze autres chants renferment de si éclatantes beautés, et, même dans le développement de ses études, il rencontrera seulement quelques autres chants de ce grand poëme, indépendants l'un de l'autre, et du chant déjà connu.

Pour lui donner une connaissance littéraire plus large, plus complète, je me bornerais à l'explication des passages les plus saillants du premier livre choisi, liés entre eux par des analyses, et je profiterais de cette première apparition de Virgile pour énoncer sommairement l'objet et le plan de l'*Enéide* entière. Plus tard, quand elle reparaîtrait dans une classe plus élevée, je résumerais tout le poëme, en traduisant les morceaux les plus remarquables des livres non expliqués. La connaissance de l'ensemble faciliterait singulièrement l'intelligence des détails.

Quant aux écrivains qui ne paraîtraient que dans une seule année, comme Sophocle, Euripide, Térence, l'application du même principe serait plus simple encore et n'exige point de commentaire.

Ce que je viens de dire d'un auteur, je le dirais de tous. La règle serait celle-ci : on ne ferait pas d'un fragment isolé une étude unique, d'intérêt médiocre. Ce ne serait pas tel ou tel chapitre d'un écrivain qu'on choisirait pour représenter tout son génie ; c'est l'auteur lui-même dont les élèves saisiraient la physionomie, et dont le portrait, placé dans leur mémoire, comme dans un musée, serait emporté par eux, à la fin de leurs études, dans le mouvement du monde et des affaires, où il ne s'effacerait pas.

Cet enseignement, plus littéraire que grammatical, propre à développer l'imagination des jeunes gens, en augmentant la somme de leurs souvenirs, exigerait (je le sais et ne m'en effraye pas) un temps plus long que celui qu'on peut consacrer aujourd'hui aux explications proprement dites, car les fragments expliqués seraient nombreux, les analyses et les lectures abondantes.

Il faudrait bien aussi que l'excellent exercice des versions dictées, dont les textes sont choisis en dehors des explications journalières, fût conservé ; il sème la variété dans les études, et l'expérience prouve qu'un texte dicté prend une importance spéciale aux yeux des élèves. Ils pourront *préparer* avec soin une explication du texte imprimé, mais ils ne *traduiront* avec goût que ce qui leur sera donné à part, à l'improviste, tiré d'une source où ils ne puisent par tous les jours.

Ainsi les explications et les versions ont besoin d'air et d'espace dans la série des classes grecques et latines.

En est-il de même des thèmes grecs et latins, des vers et des discours latins?

Je n'hésite pas à me prononcer pour la négative.

Je sais tout ce qu'on a dit pour la défense de ces exercices. Beaucoup de personnes pensent que, sans le thème, l'étude du grec et du latin serait affaiblie ; que cette habitude de convertir un texte français en grec ou en latin accoutume les jeunes gens à se rendre compte des délicatesses de la langue qu'ils étudient ; qu'ils comprennent mieux les beautés originales ; qu'ils les gravent plus sûrement dans leur mémoire.

Je réponds que ces arguments seraient bons pour les langues vivantes, parce qu'on doit les parler et qu'il importe d'essayer ses forces, même au prix des barbarismes et des solécismes, inévitables au début, toujours probables, quoique plus rares, à mesure qu'on avance. Dans l'étude des langues anciennes, qu'on ne parlera pas, qu'on n'écrira même pas, le thème n'a guère d'autre effet que d'accoutumer l'élève à une grécité, à une latinité inférieures dont il est l'auteur, et de lui prendre, pour des essais défectueux, des moments qui seraient mieux employés à étudier et à comprendre les maîtres.

Les plaidoyers en faveur des vers latins n'ont pas manqué. On a dit qu'ils ouvrent l'esprit par l'invention des détails, qu'ils font sentir plus vivement les chefs-d'œuvre de la poésie ancienne. On a raisonné de même pour les narrations latines, pour les discours latins.

Ce sont là, qu'il me soit permis de le dire, moins des arguments que des sentiments. L'esprit s'ouvrira très-suffisamment par l'invention des détails dans les compositions françaises, dans les analyses raisonnées des textes grecs et latins. Quant à l'appréciation des chefs-d'œuvre, des explications bien dirigées lui assureront toute sa valeur.

Je pourrais faire remarquer, en passant, combien le grec est encore sacrifié dans ce sympathique entraînement vers les lettres latines. On a parlé d'une maison d'éducation où les jeunes gens jouaient, en grec, une tragédie de Sophocle, devant un parterre d'hommes de goût, ravis de cet hommage naïf et savant. Le public n'y a vu qu'une singularité respectable. Cette voix n'a pas trouvé d'écho. Point de vers grecs, point de discours grecs dans nos colléges. Le thème grec seul survit, ou plutôt, disons le mot, s'éteint dans la classe de quatrième, et disparaît.

Donc, dans les cinq années d'études anciennes, je demanderais de sérieuses études philologiques et littéraires, débarrassées de tous moyens accessoires et impuissants. Tout le temps qui leur sera enlevé tournera au profit du travail essentiel, et ce travail est de nature à compléter sans effort et sans lacune ce qui occupe aujourd'hui un temps double, plus chargé et moins rempli.

Mais, pour atteindre ce résultat désiré, il est encore une condition qui s'imposera à la bonne volonté et à la science des professeurs.

Puisque j'ai pris le parti de tout dire, j'avancerai cette opinion, discutable sans doute, mais que j'affirme, parce-que j'ai vu, touché et senti :

Il y a beaucoup de temps perdu dans le travail scolaire actuel.

Les méthodes d'enseignement sont très-diverses, malgré l'application commune des mêmes programmes. La diversité, en elle-même, ne serait peut-être pas un mal; mais elle devient un mal quand elle se change en contrastes heurtés et en périlleuses contradictions.

Dans telle classe, on donnera une importance exagérée aux exercices de mémoire; un quart, un tiers du temps de la classe sera employé à la récitation des leçons. Les explications succéderont, un peu hâtées et superficielles. La correction des devoirs sera sacrifiée en grande partie, parce qu'elle est moins favorable à la discipline, se composant d'une succession de commentaires individuels, auxquels la masse s'intéresse difficilement.

On a bien imposé aux professeurs des corrections marginales sur les copies. C'est chose utile, quoiqu'elle augmente considérablement la fatigue du professorat, qui, outre la préparation si nécessaire des classes et le temps des classes mêmes, doit encore, pour remplir ce devoir, réduire ses maigres heures de liberté.

Ailleurs, dans les classes supérieures surtout, on ne fera qu'effleurer les exercices de mémoire ; l'explication s'étendra, et la correction des devoirs, plus intéressante pour le maître que dans les classes de grammaire, se développera davantage. Quelques lectures utiles seront faites ; quelques autres porteront un peu trop le cachet de la fantaisie ou d'une érudition curieuse qui conviendrait mieux dans un cours de Faculté.

Lorsque les élèves passent d'une classe dans une autre, ils se trouvent plus d'une fois déroutés et dépaysés par le changement de système, et il se fait dans leur esprit des comparaisons au détriment ou à l'avantage du professeur ancien et du professeur nouveau.

Les Jésuites, si je ne me trompe, avaient essayé de tourner ces écueils, en établissant un seul professeur pour les classes élémentaires, un seul pour les classes de grammaire, un pour les classes d'humanités (1). La rhétorique et la philosophie gardaient seules leur enseignement à part. Ainsi, le maître élémentaire, le professeur de grammaire, le professeur d'humanités, suivaient leurs élèves d'année en année, jusqu'à ce qu'ils eussent parcouru tout le cercle des études du même ordre, après quoi, ils recommençaient par le dégré inférieur.

Les inconvénients de cette méthode ont fait renoncer à ses avantages, qui pourraient séduire, si tous les professeurs étaient également sympathiques aux jeunes gens, et si un certain nombre d'élèves, (je ne parle pas des mauvais) touchant à la fin de l'année scolaire, ne se décourageaient pas à la pensée d'être, pendant deux années encore, sous la même direction, également redoutée d'eux et de leurs parents.

(1) Elles comprenaient autrefois une première, entre la seconde et la rhétorique. Cette classe a été supprimée comme faisant double emploi, et la seconde, même aujourd'hui, est suspecte de faire double emploi avec la troisième.

Je suis loin d'excuser la prévention ; je constate le fait. Je dois ajouter que les professeurs eux-mêmes accueilleraient avec peu de faveur l'obligation de faire un cours triennal, qui leur imposerait un travail compliqué, et les ferait tour à tour monter et descendre, sans trouver, en quelque sorte, un domicile fixe pour leur enseignement.

Un corps religieux peut se passer de l'émulation personnelle, parce que la volonté de l'individu s'y absorbe dans l'obéissance ; mais des professeurs laïques, dévoués, désintéressés autant qu'on voudra le supposer, garderont toujours le sentiment de leur personnalité, de leur aptitude spéciale, et ne se dépouilleront pas volontiers du titre caractéristique de leur enseignement.

Conservons donc ce titre, soit dans l'organisation actuelle, soit dans celle que je propose. Je demande seulement que, dans des conférences présidées, sous l'autorité du Ministre, par le chef du collége ou du lycée, chaque professeur mette, autant que possible, sa méthode d'accord avec celle de ses collègues des autres degrés ; qu'ils s'entendent, sans abdiquer leur initiative individuelle, pour la subordonner à l'intérêt général, dans la mesure et le choix des devoirs dictés, des explications, lectures et analyses, dans la durée plus ou moins longue à fixer aux divers exercices de la classe.

La vieille et sotte maxime, que le professeur est *roi dans sa classe*, ne serait heureusement de mise sous aucun régime.

La royauté de la classe appartient au bon sens et non à la fantaisie. Aucun de nos dignes maîtres n'afficherait aujourd'hui cette prétention rétrograde. Chacun ferait raisonnablement quelques petits sacrifices d'opinion personnelle, et ne se croirait pas diminué pour les avoir faits.

On ne confondra pas ce moyen, indiqué pour gagner du temps et pour mettre de l'ordre dans les études, avec la singulière idée d'un homme de bien, autrefois puissant dans le conseil royal de l'instruction publique (1), et qui, dans un règlement parfaitement correct, auquel il ne manquait que d'être exécutable, prescrivait à chaque professeur de faire la même chose, à la même minute, dans chacune des classes du même degré. Je me souviens des efforts d'obéissance qu'on fit pour le satisfaire, mais aussi de la brièveté nécessaire de l'épreuve, et de l'abandon empressé d'un système qui n'y avait pas résisté.

Non ; je ne réclamerai jamais du professeur un enseignement machinal et automatique. N'étant pas vivant, cet enseignement ne communiquerait pas la vie. Il faut que chacun reste soi-même, avec son activité propre ; mais rien ne s'oppose à un accord, qu'un intérêt supérieur exige, et qui serait librement consenti.

Les examens de passage sont une chose excellente, à condition qu'ils ne seront ni dérisoires, ni trop sévères. L'enfant incapable par nature (ce qui est rare), ou devenu incapable par une longue paresse (ce qui l'est moins), doit être maintenu au degré inférieur. Celui qui est seulement faible peut être repris en sous-œuvre, sans que le train de la classe soit arrêté, et, par un mouvement de courage, sous la pression bienveillante du maître, regagner en quelques mois le terrain perdu. Quelques élèves ajournés persuaderont à leurs parents que l'arrêt est injuste et seront retirés par eux. C'est un résultat prévu, et dont il faut prendre son parti. Pour les autres du moins, le professeur qui les reçoit, sachant exactement ce qu'ils ont acquis, ne s'amusera pas à les faire tourner dans le même cercle, ne se condamnera pas aux redites, aux doubles emplois. Il aura toujours devant les yeux le programme qu'il doit remplir, pressant les traînards, ne forçant pas ambitieusement le travail des plus avancés, travaillant pour la masse

(1) M. l'abbé Nicole, recteur de l'Académie de Paris, en 1820.

des élèves, pour cette moyenne scolaire qui symbolise et porte en germe la classe moyenne de la société, honnête, suffisamment laborieuse, plus solide que brillante, qui n'est faite ni pour planer dans les nues, ni pour ramper dans la poussière, celle qui, après tout, remplit le monde, à distance égale des hommes de génie et des esprits disgraciés.

En général, tout ce qui permettra à l'enseignement d'avancer lentement, mais sûrement, dans sa voie, sans se laisser accrocher aux buissons de la route, sans se croire tenu de marquer cinq pas en arrière pour se faire pardonner dix pas risqués en avant, affermira la méthode et en fera sortir de bons résultats.

A la rigueur, toutes ces précautions peuvent se concilier avec la pratique du système actuel, mais elles seraient plus efficaces encore après l'adoption de la réforme. J'ai la confiance que cinq années d'étude des langues anciennes fortement préparées par les quatre années que remplirait l'étude d'une langue vivante et de la langue maternelle, accompagnée des autres études et exercices dont je ne répète pas ici l'énumération, conduiraient les élèves des colléges et des lycées à une connaissance étendue de la langue et de la littérature de la Grèce et de Rome, de la langue comme instrument de travail et non comme but, de la littérature comme but unique et véritable.

On a dit, je le sais, à l'honneur des langues grecque et latine, qu'il faudrait les appeler, non pas des langues *mortes*, mais des langues *immortelles*. Il y a, dans cette parole, plus de poésie que de logique. *Mortes*, puisqu'on ne doit ni les parler ni les écrire ; *immortelles*, puisqu'elles nous font connaître les chefs-d'œuvre de l'esprit humain, les langues grecque et latine ne peuvent raisonnablement être étudiées d'après les mêmes procédés que les langues allemande ou anglaise, que nous avons un intérêt actuel à parler, à écrire, et que nous pourrons employer plus tard, sans qu'il y ait urgence à le faire, à étudier des littératures qui nous instruiront, nous intéresseront, mais auxquelles nous n'avons pas besoin de recourir pour connaître les grands principes, les manifestations premières et souveraines du génie et du goût.

C'est là une différence profonde, et de laquelle il résulte un précepte fondamental.

Pour l'enseignement d'une langue vivante, des exemples, d'abord très-familiers, puis empruntés au langage des affaires et de la vie commune, enfin puisés dans la sphère morale et littéraire, de manière à rendre facile une conversation, une correspondance sur tous les sujets ; la théorie grammaticale apprise avec et par l'application ; la lecture, l'explication de quelques morceaux des bons écrivains, faite surtout en vue de l'imitation des meilleures formes ; les thèmes plus fréquents que les versions, comme le plus sûr moyen de se rompre à la pratique.

Pour l'enseignement du grec et du latin, une étude graduée des auteurs, en commençant par les plus faciles ; beaucoup de traductions, d'explications, d'analyses, de lectures, dans la proportion indiquée par l'âge et le degré d'avancement ; la connaissance de la théorie sortant, comme pour les langues vivantes, de la pratique des exemples, mais servant surtout à faire comprendre les délicatesses du style des grands écrivains ; point de thèmes ; des versions dictées, entretenant la variété du travail ; en somme, une suite d'exercices tout littéraires, répondant à la nature même de cette étude, et propres à en assurer les fruits.

Je pourrais essayer de rédiger un tableau des classes, renfermé dans le cadre de neuf années, qui n'est autre que le cadre actuel de l'enseignement, mais avec le partage en deux séries, et une distribution différente des matières.

J'éviterai cependant de proposer un programme exclusif. Beaucoup, parmi ceux que la question intéresse, le dresseraient sans doute mieux que moi. Je tiens aux principes, et je laisserais une grande latitude pour le choix de la forme. Peu m'importerait qu'on arrivât par d'autres moyens au but que je crois légitime. Je maintiens ma pensée et j'essaierais de résister aux amendements qui pourraient l'affaiblir; mais je comprends la diversité possible, et très-légitime aussi, des moyens secondaires d'exécution.

Il me suffira de dire, en me résumant, sur quelles bases je crois que ce programme pourrait s'élever.

Dans la première série des études, de neuf à treize ans, l'enseignement pratique du français et d'une langue vivante; l'histoire de l'Ancien et du Nouveau Testament, des notions sommaires sur l'histoire d'Orient, spécialement dans les parties qui se rattachent à l'Histoire sainte, sur les histoires grecque et romaine, sur l'histoire moderne, en prenant la France pour centre ; des leçons de géographie générale élémentaire, et de géographie de la France en particulier; enfin un modeste enseignement scientifique qui comprendrait les parties essentielles de l'arithmétique, les premières notions de la géométrie et de l'histoire naturelle, rempliraient les quatre années.

L'étude de la langue maternelle serait continuellement mêlée à toutes les autres. Les conversations dans une langue vivante fourniraient le grand moyen de fortifier cette étude ; les explications d'auteurs, sans être négligées, n'occuperaient que le second rang. La mémoire serait exercée par des leçons apprises, et le jugement par des lectures raisonnées. Point de grammaire, une fois les déclinaisons et les conjugaisons apprises par cœur. L'explication des auteurs permettrait d'enseigner les principes grammaticaux par les exemples. Les thèmes, exercice très-utile dans cette partie des études, serviraient d'épreuve pratique et de contrôle efficace.

La durée des classes serait d'une heure et demie ; on pourrait les partager en demi-classes, ce qui préserverait les élèves jeunes de toute fatigue et de tout ennui.

Dans la seconde série des études, de treize à dix-huit ans, on entretiendrait par des conversations la connaissance acquise d'une langue vivante, mais les langues anciennes occuperaient la plus large place. On commencerait simultanément le grec et le latin, d'abord en apprenant par cœur les déclinaisons et les conjugaisons, puis en faisant succéder, graduellement, aux auteurs faciles des auteurs plus difficiles. Point de grammaire ; explication immédiate des textes, principes grammaticaux enseignés par les exemples et comparés à ceux de la langue française. Les exercices de mémoire et de lecture seraient empruntés aux trois langues, et accompagnés d'explications propres à former le jugement. Point de thèmes grecs ni latins ; point de vers ni de discours latins ; l'explication des auteurs, les analyses, les lectures, tels seraient les moyens de progrès.

L'histoire de la Grèce, de Rome, du moyen âge, des temps modernes, et spécialement de la France ; la géographie générale des diverses parties du monde, la géographie physique et politique de l'Europe, et de la France en particulier ; l'enseignement des sciences comprenant l'arithmétique complète, les éléments de géométrie, de cosmographie, d'algèbre, de physique, de chimie, d'histoire naturelle, achèveraient de remplir le cadre des cinq années.

L'âge des élèves permettrait de conserver des classes de deux heures, mais il y aurait toujours avantage à les partager en demi-classes.

Je n'entrerai pas dans le détail des textes à choisir. Les programmes officiels offrent de précieuses indications ; ils renferment tous les éléments d'un bon choix, et d'une gradation intelligente.

Éprouverait-on quelque doute à l'égard de l'explication des auteurs ? Objecterait-on que le temps marqué ne suffirait pas à la tâche ? Cette difficulté ne serait réelle que si l'on s'obstinait à pâlir, comme aujourd'hui, pendant plusieurs mois, sur un même livre. Au contraire, la variété des analyses sérieuses, des lectures, qui formeront le lien, la transition naturelle entre les textes expliqués, se résumera en une forte unité de culture littéraire, et l'on n'aura plus le déplaisir de voir les jeunes écoliers, au sortir du collége ou du lycée, ignorer une si grande partie des œuvres capitales du génie grec et du génie romain.

Je n'ai pas mentionné, dans cette esquisse, l'enseignement de l'écriture, du dessin linéaire ou artistique, de la musique, de la gymnastique, du maniement des armes. Les trois premiers garderont leur place en dehors des heures de classe, les trois derniers sont autant des récréations que des travaux, et, pourvu qu'ils laissent une juste somme d'heures aux jeux proprement dits, aux récréations libres, ce qui ne saurait être bien difficile à réaliser, on n'aura pas à regretter d'y consacrer quelques moments de loisir dont la répétition fréquente corrigera la brièveté.

Je pense donc que quinze heures de classe par semaine pour la première série, vingt heures pour la seconde, donneront tout le jeu nécessaire au travail de l'étude, aux exercices divers et aux récréations. C'est un calcul facile à faire. En défalquant les heures destinées aux repas et au sommeil et les heures même des classes, en tenant compte des deux congés hebdomadaires du jeudi et du dimanche, on arrivera certainement à une moyenne satisfaisante pour le travail à l'étude et pour les récréations ; moyenne variable selon la série, et, dans chacune des deux séries, selon l'âge et les forces des enfants.

Quant à certaines conséquences qu'une réforme de ce genre pourrait entraîner, les unes de pur détail, comme en ce qui touche l'objet et le nombre des compositions dans chaque classe respective, les autres plus graves, par exemple en ce qui regarde les programmes des examens du baccalauréat, de la licence ès-lettres, même du doctorat, il est facile de les prévoir, et je ne crois pas avoir à les discuter. Ceci n'est qu'une affaire d'ordre, que l'autorité compétente peut régler d'un trait de plume. L'effet suivrait la cause; le principe imposerait, comme il convient, les applications.

Je n'aurais plus guère que des choses secondaires à dire; il me semble que rien d'essentiel n'a été oublié. Comme dans la soutenance d'une thèse, j'attendrai les objections, prêt à donner de nouveaux détails dans la réplique. Il y aurait peut-être de l'orgueil à croire que j'ai pu instituer un procès et mériter des adversaires ; mais il est toujours permis de souhaiter des juges.

Si donc ce modeste essai obtient quelques lecteurs, parmi ceux qui ont autorité sur le présent et l'avenir de l'instruction publique, ils y trouveront peut-être plus d'une raison de douter de la valeur de ce qui est et de chercher ce qui devrait être. C'est tout ce qu'il m'est permis de provoquer, car l'établissement d'un nouveau système, quelle que soit la conviction de l'homme isolé qui le propose, ne peut guère résulter que de son accord avec l'opinion publique, consultée et suivie par ceux qui ont mission d'en satisfaire les aspirations.

Que des esprits plus éclairés réfutent ce que je viens d'écrire ; qu'ils mettent mes idées en poussière ; cette poussière même peut être féconde, car les esprits dont je parle chercheront à leur tour, regarderont plus haut, trouveront mieux. Mon ambition est de les forcer à répéter avec moi ce vieil et naïf axiôme de la politique, qui ne serait pas moins applicable à l'éducation de notre temps :

Il y a quelque chose a faire !

EXTRAIT DU CATALOGUE

De la Librairie DURAND et PEDONE LAURIEL

Amiel, chef d'instit. — **Le Livre des adultes**, 1867. In-18........ 2 50

Division des chapitres. — Nécessité d'instruire le peuple. — Fausses craintes, caractère et but des cours d'adultes. — Défaillance des mœurs publiques : nécessité de les relever. — Mœurs publiques, définition, les dissidences ; leur valeur et leur portée. — Suffrage universel. — Fausses manœuvres avec les classes ouvrières ; graves erreurs de celle-ci. — Esprit ancien, esprit moderne ; ce qu'il faut enseigner aux adultes. — Condition du peuple pendant l'antiquité et le moyen-âge. — Influence du christianisme. — La Renaissance, la Réforme, fausse manœuvre. — Le schisme toujours mauvais en religion et en politique. — Erreurs du XVIe siècle. — La religion de l'Évangile. — Sa nécessité, son importance sociale ; l'homme et l'Évangile. — Fronde parisienne. — La Liberté, ce qui la fonde et ce qui la perd. — Simple histoire. — La Presse, son rôle, ses dangers, sa puissance. — Le devoir social, etc.

Annuaire de l'association pour l'encouragement des études grecques en France.
— 1re année 1867. In-8.. 1 50
— 2e année 1868, avec deux suppléments, in-8. (épuisé)........
— 3e année 1869, et 4e année 1870, in-8, chacune................ 3 50
— 5e année 1871. In-8.. 5 50

André, prof. de littérature. — **Petit cours de littérature française.** — Choix de morceaux en prose et en vers, enrichis de plus de 2,000 notes historiques, géographiques, littéraires et grammaticales (classes élémentaires). Nouv. édition. Gr. in-18 jésus.......................... 3 50

Bailly, ancien élève de l'École normale, professeur au lycée d'Orléans. — **Manuel pour l'étude des racines grecques et latines** comprenant la liste des racines, la nomenclature des mots simples, grecs et latins, avec leurs principaux dérivés, grecs, latins et français, précédé d'une introduction sur la méthode d'analyse propre à cette étude, sous la direction de E. Egger, membre de l'Institut, professeur de littérature grecque à la Faculté des lettres de Paris, 1869, gr. in-18....... 4 »
— **Nouvelle grammaire élémentaire des langues grecque et latine** pour servir de complément au manuel pour l'étude des racines grecques et latines, 1872. In-8.. 5 »

Baudry (F.). — **Grammaire comparée des langues classiques**, contenant la théorie élémentaire de la formation des mots en sanscrit, en grec et en latin, avec références aux langues germaniques. 1re partie, Phonétique. In-8. 1868... 6 »

SOUS PRESSE :

2e partie, racines et formations nominales.
3e partie, formations verbales.

Beaussire, prof. à la Faculté des lettres de Poitiers. — **Lectures philos.** ou leçons de logique, extraites des auteurs dont l'étude est prescrite par l'Université. 1857, gr. in-18................................ 2 »

Blanche. (C. J.) Consul de France à Tripoli (Syrie). — **Etudes de métaphysique religieuse.** — Le surnaturel. 1872. in-8................. 6 »

Bonafous, doyen à la Faculté des lettres d'Aix. — **La Rhétorique d'Aristote**, traduite en français, avec le texte en regard, et suivie de notes philologiques et littéraires. 1856, in-8.......................... 5 »

Bouillier, directeur à l'École normale supérieure, à Paris, et **Ferraz**, professeur à la Faculté des lettres à Lyon. — **Analyses critiques des ouvrages de philosophie, du baccalauréat ès-lettres.** 2e édition. 1870, in-12, complétées par N. Ferraz d'après le nouveau programme.. 3 »

Cæsar (C.-J.). **Commentarii**, cum integris notis Dion. Vossii, Jo. Davisii et Sam. Clarkii ; curâ et studio Fr. Oudendorpii. Editio nova, auctior et emendatior. *Stutgardiæ*, 1822, 2 vol. in-8........................ 3 »

Chaignet (A.-Ed.), professeur. — **Les Principes de la science du beau.** 1860, in-8.. 4 »
— **De la Psychologie de Platon.** 1862, in-8........................ 3 »

Charaux (C.-C.), professeur de philosophie, — Les Principes de la philosophie morale. Seconde édition, in-18.......................... 1 25

— La Pensée et l'amour. 1869, in-12.......................... 3 »

— Philosophes et savants. — Dialogues de philosophie socratique, in-18.......................... 1 50

Chauvet, professeur. L'Éducation. 1868, in-12.......................... 3 »

Cihac (A. de). Dictionnaire d'étymologie daco-romane. — Eléments latins comparés avec les autres langues romanes. Francfort-s-Mein. 1870. in-8.......................... 9 »

Collet-Corbinière (E.), ancien professeur de mécanique à l'École navale impériale. — Nouvelles leçons de mécanique élémentaire, rédigées conformément au programme officiel de 1866, à l'usage des lycées, des colléges, des écoles industrielles et de toutes les personnes qui s'occupent de mécanique appliquée. In-12.......................... 2 50

Cornelii Nepotis quæ exstant, cum selectis superiorum interpretum suisque animadvers. edidit Aug. Van Staveren. Editio nova auctior, curante G.-H. Bardili. *Stuttgardiæ*, 1820, 2 vol. in-8.......................... 3 »

Diodorus Siculus. — Bibliothecæ historicæ libri qui supersunt, ex recensione Petri Wesselingii, cum interpret. latina Laur. Rhodoman, atque adnotat. variorum integris, indicibusque locupletissimis; nova editio, cum commentat. C. G. Heynii : accedd. argumenta et disputationes J. N. Eyringii. *Biponti*. 1793-1806, 11 vol. in-8.......... 16 50

Dulaurier (Ed.). — Chronique de Mathieu d'Edesse continuée par Grégoire le Prêtre, *traduite en français pour la première fois* et accompagnée de notes historiques et géographiques. 1858, in-8.......... 4 »

— Recherches sur la Chronologie arménienne, technique et historique, ouvrage formant le prolégomène de la collection intitulée *Bibliothèque historique arménienne*. 1859. in-4.......................... 6 »

Egger, membre de l'Institut. — Notions élémentaires de Grammaire comparée, pour servir à l'étude des trois langues classiques grecque, latine et française; ouvrage rédigé sur l'invitation du Ministre de l'instruction publique conformément au nouveau progr. offic.; 6e éd., rev. et augm. in-18 jésus.......................... 2 »

— Mémoire de littérature ancienne. 1862, 1 beau vol. in-8....... 4 »

— Mémoire d'histoire ancienne et de philologie. 1863, 1 beau vol. in-8, avec planches.......................... 4 »

— Apollonius Dyscole. Essai sur l'histoire des théories grammaticales, dans l'antiquité. 1758, in-8.......................... 5 »

— Études historiques sur les Traités publics chez les Grecs, et chez les Romains depuis les temps les plus anciens jusqu'aux premiers siècles de l'ère chrétienne. Nouvelle édition, 1866, in-8.......................... 7 »

Eichhoff, correspondant de l'Institut. — Poésie héroïque des Indiens comparée à l'épopée grecque et latine, avec analyse des poëmes nationaux de l'Inde, citations en français et imitation en vers latins. 1860. in-8.......................... 5 »

Fallex, professeur de seconde au lycée Napoléon. — Théâtre d'Aristophane. Scènes traduites en vers français. 2e édition, considérablement augmentée et suivie de la traduction complète du *Plutus*. 1863, 2 beaux vol. gr. in-18 jésus.......................... 5 »

Ouvrage couronné par l'Académie française en août 1865.

— Ἐκ τῶν Ἀριστοφάνους ἐκλογαί — Textes choisis extraits d'Aristophane. Edit. classique, avec notes. 4e édit, 1868. 1 vol. gr. in-18 jésus cart.......................... 2 »

Textes prescrits pour la classe de rhétorique par arrêté de S. Exc. M. le Ministre de l'Instruction publique, en date du 22 mars 1865.

— *Le même ouvrage* : Traduction française en prose avec le texte grec en regard, revu et corrigé. 2e édition 1868, gr. in-18 jésus...... 3 »

Foucher de Careil (A.). Nouvelles lettres et opuscules inédits de Leibnitz, précédés d'une introduction, 1857, in-8.......................... 4 »

Gendrier, ex-chef d'institution. — Rhétorique pratique, art de parler et de composer, à l'usage des pensionnats, des écoles primaires et des écoles professionnelles, d'après une nouvelle méthode. 1868, in-.2. 1 25

Gratacap, profess. de philosophie. — Théorie de la Mémoire. 1866, in-8 (thèse).. 3 »

— Quæ fuerit Aristotelis de sensibus doctrina. 1866, in-8........ 1 50

— Analyse des faits de mémoire. 1867, br. in-8................. 1 »

— Essai sur l'induction. 1869, in-8.......................... 2 50

Launay (A.), professeur agrégé d'histoire et de géographie au lycée de Caen. — Géographie de l'Europe contemporaine, d'après les derniers documents et les derniers programmes du ministère de l'Instruction publique, à l'usage de l'enseignement classique et de l'enseignement secondaire spécial. 1872, in-18.................. 2 »

Lenoël. professeur de gymnastique. — Traité théorique et pratique de gymnastique, à l'usage des lycées, des colléges et de tous les établissements d'instruction publique des deux sexes. Ouvrage rédigé conformément au programme adopté par le conseil d'instruction publique. Trois cent cinquante figures intercalées dans le texte. 2ᵉ édition. 1867, in-12.. 4 »

Lévêque (G.). Recherches sur l'origine des Gaulois. 1869, in-8... 3 50

Lévêque (Ch.), prof. au collége de France. — Etudes de philosophie grecque et latine. 1864, in-12.......................... 2 50

— La Science du beau, ses principes, ses applications et son histoire. Deuxième édition, revue et augmentée. Ouvrage couronné par l'Académie des sciences morales et politiques, par l'Académie française et par l'Académie des Beaux-arts. 2ᵉ édition 1872. 2 vol. in-8......... 12 »

Müller (O.). Histoire de la littérature grecque, jusqu'à Alexandre le Grand, traduite, annotée et précédée d'une étude sur Otfried Müller et sur l'Ecole historique de la philologie allemande, par Karl Hillebrand, prof. à la Faculté des lettres de Douai. 1866. 2 beaux vol. in-8... 16 »

— Le même ouvrage, 2ᵉ édit. 1866. 3 vol. in-12 2ᵉ édition 1872.... 10 »

Müller (Max), professeur à l'Université d'Oxford, membre correspondant de l'institut de France. — La Science du langage, cours professé à l'Institut royal d'Angleterre; traduit de l'anglais par MM. G. Harris, prof. au lycée d'Orléans, et G. Perrot, ancien membre de l'Ecole française d'Athènes, prof. au lycée Louis-le-Grand. 2ᵉ édit. 1867, in-8. ... 8 »
Ouvrage qui a remporté le prix Volney en 1862.

— Nouvelles leçons sur la science du langage, cours professé en 1863, traduit par les mêmes. Tome Iᵉʳ (Phonétique et Etymologie); — Tome II (Influence du langage sur la pensée. — Mythologie ancienne), avec une notice sur M. Max Muller. 1867-1868, 2 vol. in-8.............. 14 »

Naudet, membre de l'Institut. — De la noblesse et des récompenses d'honneur chez les Romains. 1863, in-8........................ 3 »

Pasquet, agrégé de grammaire, prof. au lycée Bonaparte. — Elém. de la Gramm. latine. 3ᵉ éd. 1870, in-12 cart.................... 1 40

— Cours de Thèmes adaptés à la Grammaire latine :
- 1ʳᵉ partie, adaptée à la 1ʳᵉ partie de la syntaxe, in-12........ 1 25
- 2° La même, avec les corrigés, in-12........................ 2 »
- 3° 2ᵉ partie, adaptée à la 2ᵉ partie de la syntaxe, in-12...... 1 25
- 4° La même, avec les corrigés, in-12........................ 2 »

M. Pasquet a cru nécessaire d'adapter à ses éléments de grammaire latine une série d'exercices, un cours de thèmes qui permettent d'en suivre les développements avec profit.

— Selectæ e profanis scriptoribus historiæ (latine), ramené au texte même des auteurs. Pars prior (lib. I, II, III). 1872. In-12, cartonné.. 1 25

— Pars posterior (lib. IV et V). in-12.......................... 1 25

— Les deux parties réunies, cartonnées......................... 2 50

— Selectæ e profanis scriptoribus historiæ (græce) : 1ʳᵉ partie. 1872, in-12, cart.. 1 25

Pellissier. Précis d'un cours complet de philosophie élémentaire professé au Lycée Charlemagne, au Collége et à l'École préparatoire de Sainte-Barbe, au collége Chaptal. 4e édition, augmentée d'un Dictionnaire du langage philosophique. 1870, in-12........ 3 50

Poitou (Eug.), conseiller à la Cour impériale d'Angers. Du Roman et du Théâtre contemporains, et de leur influence sur les mœurs. 2e édition 1858. in-12. (Ouvrage couronné par l'Institut, séance du 2 mai 1857.. 2 50

Raffy, professeur d'histoire :

1° Nouvelles répétitions écrites d'histoire et de géographie pour les baccalauréats ès lettres et ès sciences, les Écoles de Saint-Cyr et Forestière, d'après les programmes officiels. 1872. 1 fort vol. in-12 avec cartes et *memento*. 2e édition.................................... 5 »

2° Répétitions écrites d'histoire universelle, depuis la création du monde jusqu'à nos jours, à l'usage de toutes les classes, avec tableaux, cartes et *memento*. In-12, 7e édit. 1872.......................... 5 »

3° Répétitions écrites d'histoire de France, depuis les temps les plus reculés jusqu'en 1872, avec tableaux et cartes. In-12, 6e édit. 1872. 3 »

— Lectures historiques, choix des plus beaux fragments des meilleurs historiens anciens et modernes, français et étrangers, disposés selon l'ordre des programmes de l'enseignement et reliés par des sommaires, véritable Cours d'histoire universelle par les grands maîtres, à l'usage des familles, des maisons d'instruction publique et des distributions de prix. 7 vol. in-12, 4e édit., revue et augmentée d'une introduction sur l'histoire et les historiens. 1868-1872................................ 20 »

Chaque partie ainsi distribuée se vend séparément.

4° Sixième : Histoire sainte et Orient.............................. 2 »

5° Cinquième : Grèce.. 2 50

6° Quatrième : Rome.. 3 »

7° Troisième : France et moyen âge, 1328........................ 2 50

8° Seconde : France, moyen âge et temps modernes. 1328-1648. 3 »

9° Rhétorique : France et temps modernes. 1648-1815......... 3 50

10° Philosophie : Histoire contemporaine, 1815-1869.......... 3 50

11° Cours de géographie physique et historique, ancienne et moderne, à l'usage de toutes les classes dans les divers établissements d'instruction publique. In-12, 4e édit., avec 30 cartes sur 8 aciers......... 3 »

— Cahiers de géographie (2e édit.) :

12° Cours de troisième : géographie particulière de l'Europe, avec cartes... 1 »

13° Cours de seconde : géographie particulière de l'Asie, de l'Afrique, de l'Amérique et de l'Océanie, avec cartes............................ 1 »

14° Cours de rhétorique, réunion des deux précédents, révision... 2 »

15° Atlas classique des répétitions et des lectures d'histoire et de géographie, complément des précédents ouvrages, renfermant 40 cartes coloriées (teintes plates) sur 10 aciers, 41 généalogies en 5 planches, 6 tableaux synchroniques de l'histoire universelle jusqu'en 1864, et 2 tableaux pour la marche des découvertes géographiques depuis Moïse jusqu'à nos jours; oblong, cartonné.. 5 »

— Lectures géographiques, sur le plan des Lectures historiques et dans le même esprit. 5 vol. in-12.. 15 »

Chaque partie de l'ouvrage ainsi distribuée se vend séparément 3 fr.

16° Tome Ier, Géographie générale (classes de sixième, cinquième et quatrième).

17° Tome II. France.
18° Tome III. Europe. } (classe de troisième.)

19° Tome IV. Asie et Afrique.
20° Tome V. Amérique et Océanie. } (classe de seconde.)

21° *Année préparatoire.* Simples récits d'histoire de France, suivis de la Géographie de la France. 1 vol. in-12, cartonné, avec cartes... 2 50

22° 1re *année.* Précis des grandes époques de l'histoire ancienne,

www.ingramcontent.com/pod-product-compliance
Ingram Content Group UK Ltd.
Pitfield, Milton Keynes, MK11 3LW, UK
UKHW021040220726
13924UKWH00001B/436